W0330977

LES PLUS BELLES COMPTINES ESPAGNOLES

ILLUSTRATIONS

Sébastien Mourrain p. 4, 10, 16, 18, 22, 24, 28, 34, 38, 40

Magali Clavelet couverture, p. 6, 8, 12, 14, 20, 26, 30, 32, 36

Cécile Hudrisier p. 46 à 54 (gestuelles)

COLLECTAGE ET COMMENTAIRES

Claire Abbis-Chacé institutrice et bibliothécaire

Carmen Diaz-Bosetti professeur agrégé d'espagnol

Didier Jeunesse
Les Petits cousins

La naranja ya está seca

La naranja ya está seca,
Amarillo está el limón.
La sandía está llorando,
Está riendo el melón.

PÊCHE, POMME, POIRE, ABRICOT

Pêche, pomme, poire, abricot,
Y'en a une, y'en a une,
Pêche, pomme, poire, abricot,
Y'en a une de trop,
Qui s'appelle Marie-Margot.

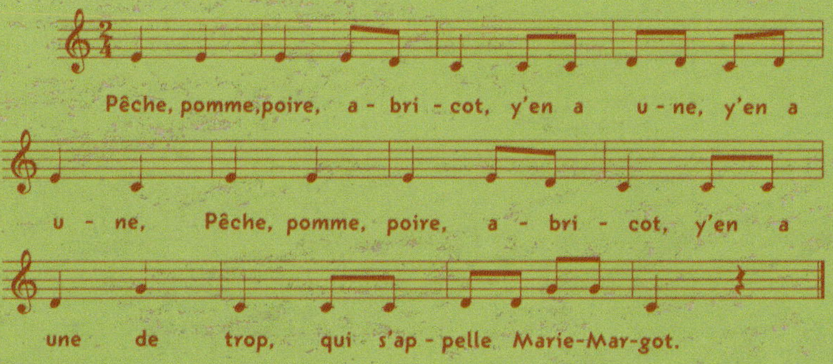

Mon toit, mon grenier

Mon toit,
Mon grenier,
Mes deux fenêtres,
Mes deux gouttières,
Mon grand four,
Et mon tambour...
Boum ! Boum ! Boum !

Una casita

Una casita
Muy redondita
Con dos ventanitas
Y une puertita
Y el timbre:
¡Riiiiiiiiiin!

À cheval gendarme

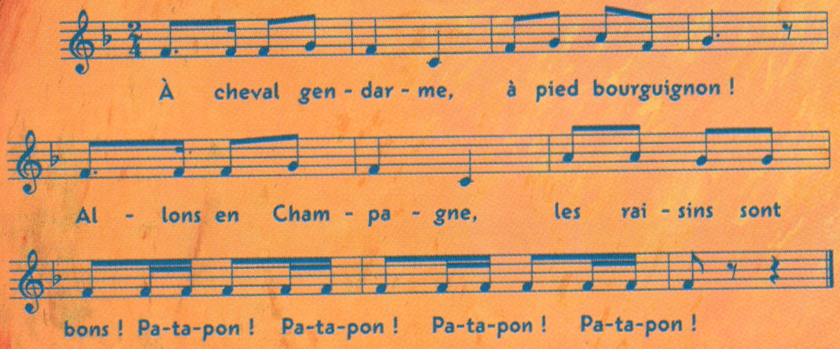

À cheval gendarme,
À pied bourguignon !
Allons en Champagne,
Les raisins sont bons !
Patapon ! Patapon !
Patapon ! Patapon !

Arre, caballito

Arre, caballito,
Vamos a Belén;
Que mañana es fiesta,
Y al otro también.

Arre, caballito,
Vamos a Belén;
Arre, arre, arre
Que llegamos tarde...

Hue!
Belén
A - rre, ca - ba - lli - to, va - mos a Be - lén;
que ma - ña - na es fies - ta, y al o - tro tam - bién.
A - rre, ca - ba - lli - to, va - mos a Be - lén;
a - rre, a - rre, a - rre que lle - ga - mos tar - de...

Ma poule a pondu un œuf

Ma poule a pondu un œuf.
Celui-là l'a ramassé,
Celui-là l'a cassé,
Celui-là l'a cuit,
Celui-là l'a mangé,
Et le pauvre petit Kiki qui n'a rien eu,
Lèche le plat, petit Kiki,
Lèche le plat !

ÉSTE COMPRÓ UN HUEVITO

Éste compró un huevito,
Éste lo puso a asar,
Éste le echó la sal,
Éste se lo probó un poquito,
Y este pícaro gordito...
¡Se lo comió todo enterito!

Sa - vez - vous plan - ter les choux, à la
mo - de, à la mo - de, Sa - vez - vous plan - ter les
choux, à la mo - de de chez nous ?

Savez-vous planter les choux ?

Savez-vous planter les choux,
À la mode, à la mode,
Savez-vous planter les choux,
À la mode de chez nous ?

On les plante avec le doigt,
À la mode, à la mode,
On les plante avec le doigt,
À la mode de chez nous.

(... avec la main, avec le coude, le pied, etc.)

¿Có - mo planta usted las flo - res? A la
mo - da, a la mo-da; ¿Có - mo planta usted las flo-
res? A la mo - da de Pa - rís.

¿CÓMO PLANTA USTED LAS FLORES?

¿Cómo planta usted las flores? A la moda, a la moda;
¿Cómo planta usted las flores? A la moda de París.

Yo las planto con el dedo, a la moda, a la moda;
Yo las planto con el dedo a la moda de París.

(...con las manos, el codo, el pie, etc.)

Un petit lapin

Un petit lapin
Est caché dans le jardin.
« Cherchez-moi, coucou, coucou,
Je suis caché sous un chou. »
Lissant sa moustache,
Le fermier passe et repasse,
Mais il ne voit rien du tout,
Lapin a mangé le chou.

Un pe - tit la - pin est ca - ché dans le jar-
din. « Cher - chez - moi, cou - cou, cou - cou, je suis
ca - ché sous un chou. » Lis-sant sa mous - ta - che, le fer-
mier passe et re - pas - se, mais il ne voit rien du
tout, la - pin a man - gé le chou.

Los pollitos

Los pollitos dicen:
Pío, pío, pío,
Cuando tienen hambre,
Cuando tienen frío.

La gallina busca
El maíz y el trigo,
Les da la comida
Y les presta abrigo.

Bajo sus dos alas
Se están quietecitos,
Y hasta el otro día
Duermen los pollitos.

Los po - lli - tos di - cen: pí - o, pí - o, pí - o,
cuan-do tie-nen ham - bre, cuan-do tie-nen frí - o.

A - rro-rró, mi ne - ne, a - rro-rró, mi sol,
a - rro-rró, mi pren - da de mi co - ra - zón.

Arrorró, mi nene

♫ Arrorró, mi nene,
Arrorró, mi sol,
Arrorró, mi prenda
De mi corazón.

Este hermoso niño
No quiere dormir,
El pícaro sueño
No quiere venir.

Pince-mi et Pince-moi

Pince-mi et Pince-moi
Sont dans un bateau.
Pince-mi tombe à l'eau.
Qu'est-ce qui reste ?
« Pince-moi ! »
« Aïe ! »

Juan y Pínchame

Juan y Pínchame
Fueron a nadar.
Juan se ahogó
¿Quién quedó?
«¡Pínchame!»
«¡Ay!»

Scions, scions du bois

Scions, scions, scions du bois,
Pour la mère, pour la mère,
Scions, scions, scions du bois,
Pour la mère Nicolas,
Qui a cassé ses sabots
En mille morceaux,
Voilà les morceaux !

Aserrín, aserrán

Aserrín, aserrán,
Los maderos de San Juan,
Los del rey sierran bien,
Los de la reina también,
Los del duque
Truque, truque,
Truque, truque, tru.

Scions, scions, scions du bois, pour la mè - re,
pour la mè - re, scions, scions, scions du bois,
pour la mè - re Ni - co - las, qui a cas - sé ses sa - bots
en mil - le mor - ceaux, voi - là les mor - ceaux !

Le facteur

Une heure, le facteur n'est pas passé.
Deux heures, le facteur n'est pas passé.
Trois heures, le facteur n'est pas passé.
Quatre heures, le facteur n'est pas passé.
Cinq heures... le facteur est passé.

Bailar, moritos, bailar

Bailar, moritos, bailar,
Al son de mi guita...*rrí*,
Al son de mi guita...*rrí*,
Al son de mi guita...*rrí*,
Al son de mi guita...*rrá*.

Escargot mirolo

Escargot mirolo
Montre-moi tes cornes.
Si tu ne me les montres pas,
Je dirai à Papa,
Je dirai à Maman,
Qu'ils te coupent la tête.

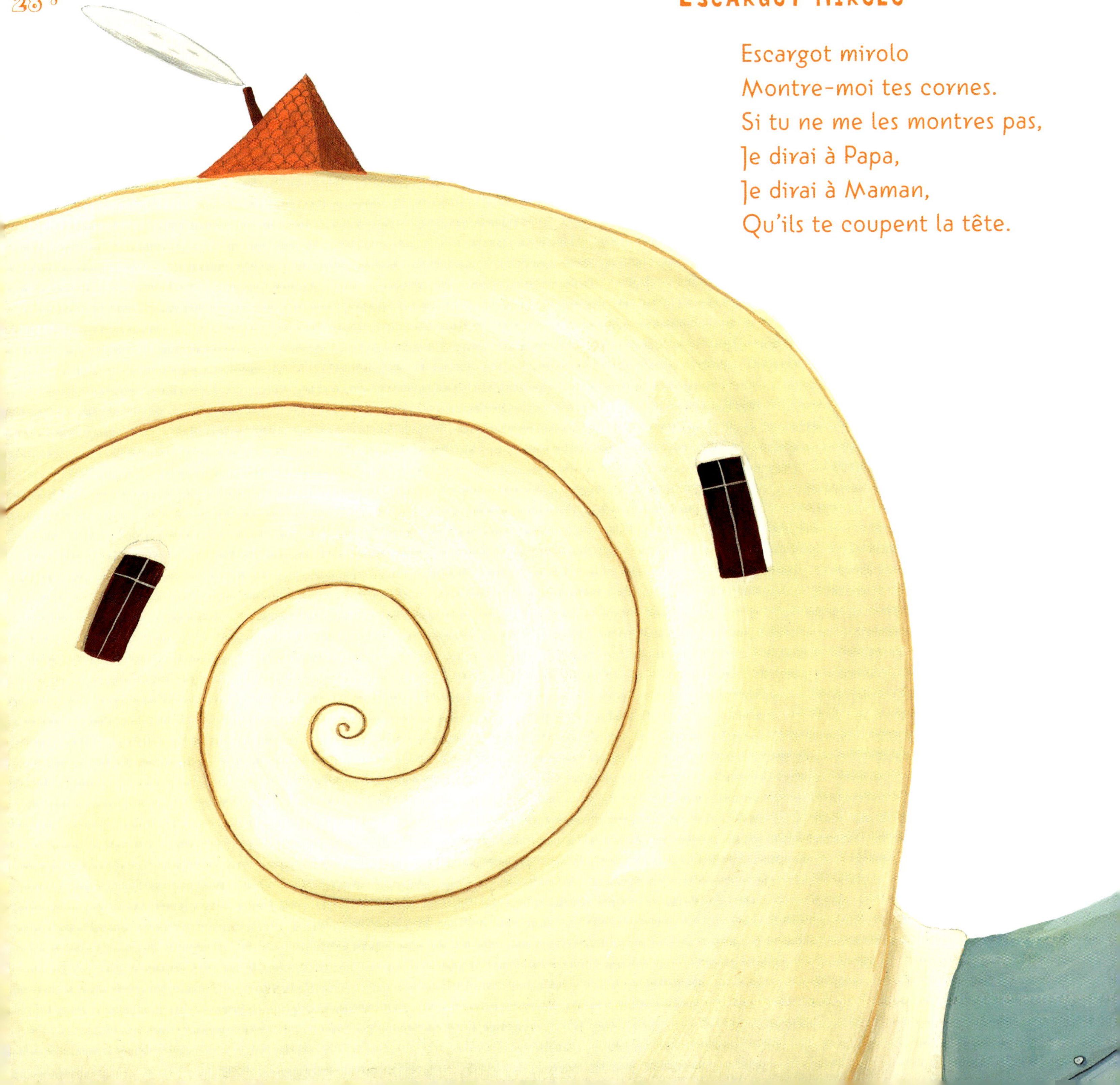

Caracol, caracol

Caracol, caracol
Saca los cuernos al sol;
Que tu padre y tu madre
También los sacó.

Tapent, tapent, petites mains

Tapent, tapent, petites mains,
Tourne, tourne, joli moulin. (bis)
Petites mains ont bien frappé,
Joli moulin a bien tourné. (bis)

Daba, daba, daba

Daba, daba, daba,
Daba la mocita
En la cabecita.
Daba, daba, daba,
Y no se lastimaba.
Pero tanto dio
Que ¡se lastimó!

El pon pon

El pon pon,
El pon pon,
Y el dinerito
En el bolsón,

Y las tortitas
Y las tortitas
Para su madre
Las más bonitas.

Sardine à l'huile

Sardine à l'huile
Que fais-tu là ?
Ouatchitchi ! Ouatchatcha !
Sardine à l'huile
Que fais-tu là ?
C'est pas toi le chat - chat - chat !

La poule à ma grand-mère

C'est la poule à ma grand-mère
Qui a pondu trois œufs par terre,
Un cassé, un volé, un perdu,
Pars le chercher !

Tita, tita, taritón

Tita, tita, taritón,
Tres gallinas y un capón,
El capón estaba muerto
Las gallinas en el huerto.
Tris, tras,
Fuera estás.

PASSEZ POMPOM

Passez pompom, les carillons,
Les portes sont ouvertes.
Passez pompom, les carillons,
Les portes sont fermées, à clé.

Pase misí

Pase misí,
Pase misá,
Por la Puerta de Alcalá;
Los de alante
Corren mucho,
Los de atrás
Se que-da-rán.

Tres tristes tigres

Tres tristes tigres
Tragaron tres tazas de trigo.

Trois tristes tortues

Trois tristes tortues
Sur trois toits gris.

SIX GROS ESCARGOTS

Six gros escargots
Grelottent et ont la grippe.

Canta el cuco

Canta el cuco
Kuki Kuko,
Canta el cuco
Kuki Kuka.
Canta el cuco
Kuki Kuko,
KukiKukoKukiKuko
KukiKukoKukika.

LES COMMENTAIRES

INTRODUCTION

Cet album-CD présente des comptines françaises et espagnoles.

Seules les formulettes à compter et à désigner sont à proprement parler des comptines. Mais, pour plus de commodité, nous avons aussi regroupé sous ce terme des jeux de nourrice, des berceuses, des danses, des chansons et des formulettes de jeux.

On les retrouve dans toutes les cultures du monde. D'une langue à l'autre, les comptines sont cousines et nous nous sommes amusés à les marier. Les correspondances peuvent être thématiques, musicales ou gestuelles... Mais toutes nous parlent le langage du plaisir et de la poésie !

Pourquoi présenter aux jeunes enfants des comptines en langue étrangère ?

Il faut d'abord redire toute la richesse de cette vieille tradition orale transmise par l'entourage de l'enfant. Il écoute, puis mime et chante ces textes et devient ainsi sensible au rythme, à la saveur de sa langue maternelle, à la poésie et à l'humour de sa culture.

À partir de cette tradition, nous souhaitons lui proposer une ouverture vers une autre langue, une autre culture, par un lent processus d'imprégnation. En effet, les jeunes enfants ont encore une souplesse qui leur permet d'imiter et d'assimiler avec facilité toutes les intonations des langues étrangères.

Il ne s'agit pourtant pas d'un « apprentissage » systématique : ces jeux, à la fois corporels et verbaux, doivent rester spontanés, fondés sur un climat de confiance et de complicité.

Nous souhaitons offrir à l'enfant une « sensibilisation » plus qu'une véritable « initiation » à l'espagnol.

C'est tout le plaisir de communiquer qui incitera l'enfant à dire et redire ces textes sans cesse et, au-delà des quelques jeux qu'ils entraînent, à comprendre et mémoriser de manière ludique et intuitive cette autre langue qu'est l'espagnol.

Où sont les traductions ?

Les traductions des textes espagnols figurent à la fin du livre, et non en vis-à-vis des textes. C'est délibéré. Il est préférable en effet d'aborder une langue étrangère sans le recours systématique à la traduction.

On garde ainsi toute la saveur de la version originale, on évite la répétition inhérente à la traduction et surtout on n'isole pas les mots du contexte qui leur donne un sens puisque l'on propose à l'enfant de parler en situation (ici en situation de jeu) ; actif, il perfectionne ainsi son imitation et intègre comme un réflexe la syntaxe, la prononciation et le sens de la langue étrangère.

Comment l'enfant peut-il comprendre ces comptines ?

Là aussi, on peut faire le rapprochement avec le tout-petit qui ne parle pas encore. Il structure son langage et sa pensée grâce à ses perceptions sensibles (visuelles, sonores...). C'est par un constant aller-retour entre ce qu'il voit, ce qu'il entend, ce qu'il vit et dit qu'il élabore petit à petit sa compréhension.

Cet album est conçu pour inciter l'enfant, sollicité et accompagné par l'adulte, à établir des correspondances entre les différents repères dont il dispose avec le livre, le CD et surtout avec le jeu vécu à partir des différentes comptines.

Comment les comptines se répondent-elles ?

Les comptines cousines présentent des correspondances qui sont de plusieurs types :

– correspondances gestuelles
L'enfant connaît généralement les comptines françaises et la gestuelle qui les accompagne. Celle-ci est proche (voire identique) de la gestuelle du (des) texte(s) espagnol(s). C'est grâce à cette gestuelle commune que l'enfant aborde les comptines espagnoles, les comprend puis les mémorise.

– correspondances thématiques
Les sujets traités par les comptines françaises et espagnoles associées sont souvent proches et donnent à l'enfant des indices sur le contenu des textes en langue étrangère.

– correspondances visuelles
Les illustrations sont des clefs de compréhension véritables car elles donnent à la fois une vision globale de l'histoire et des détails sur les lieux et/ou les personnages.

– correspondances sonores
Le CD propose, lui aussi, une illustration sonore significative par le choix des instruments, les arrangements, l'interprétation et les bruitages.

Mais l'enfant ne pourra s'aider de toutes ces correspondances que dans une situation vécue. L'adulte comme l'enfant doivent donc être actifs et jouer avec leur corps de façon aussi expressive que possible.
En effet, pour comprendre, l'enfant a besoin d'expérimenter par son corps. Dans les premières comptines (jeux avec l'adulte, chansons mimées), les gestes sont un soutien solide car ils sont très proches du sens du texte.

À quel âge peut-on commencer ?

Il n'y a pas de réponse unique à cette question. On peut évidemment chanter et faire écouter dès le berceau les chansons et les berceuses. Les jeux de doigts et les comptines suivent tout naturellement le développement général de l'enfant. Faites confiance à vos intuitions. Allez vers ce qui motive votre enfant, ce qui aiguise sa curiosité.

Les comptines présentées ici s'adressent aussi aux plus grands, dans le cadre scolaire par exemple. Devant un groupe, le rythme sera différent, les activités pourront être plus variées et les jeux collectifs prendront un autre relief.

Une sensibilisation à une autre langue peut-elle concerner tous les enfants ?

Cette richesse culturelle s'affirme aujourd'hui comme une nécessité. Tous les enfants, et pas seulement ceux des familles « bilingues », sont concernés. Une approche précoce par le jeu favorise l'assimilation d'une langue étrangère.

À l'école comme dans la famille, on peut inviter les enfants à en faire la découverte. Plus tôt l'enfant aura été mis au contact d'une langue étrangère, moins il développera de blocages dans ses futurs apprentissages et plus il comprendra le jeu qui existe d'une langue à l'autre.

Quel est le rôle de l'adulte dans cette découverte ?

Pour créer chez l'enfant le désir de communiquer dans une langue étrangère, l'adulte doit lui-même exprimer son propre plaisir de découvrir cette langue avec lui.

Comme on le fait naturellement en français, on peut donc jouer et mimer ces comptines espagnoles aux moments privilégiés d'échange, fréquents dans la vie de l'enfant.

Il faut aussi très vite mémoriser les paroles et les gestes des jeux pour les retrouver spontanément. Pour aider l'enfant, il est en effet très important de savoir « parler avec son corps ». La qualité des gestes de l'adulte (expressivité du visage, des mains, du corps) est primordiale pour la compréhension.

L'adulte peut être amené à répondre à un enfant qui l'interroge sur la signification précise des textes. On en fera alors le récit en évitant une traduction mot à mot. Mais surtout, on exploitera toute situation nouvelle qui permet de réutiliser, dans un autre contexte, les termes et expressions déjà rencontrés dans les comptines.

Comment utiliser les différents supports ?

Les différents supports (livre et CD) sont à la fois complémentaires et indépendants.

Pour découvrir le sens des comptines, on peut bien sûr utiliser en même temps le livre et le CD. Mais l'écoute du CD entier demande du temps. Il semble donc difficile de suivre page à page sur le livre avec de jeunes enfants.

Très vite, on exploitera donc séparément le livre et le CD.
Avec **l'album**, l'enfant explore les illustrations et peut retrouver, de mémoire, les comptines françaises ou espagnoles qu'il commence à connaître.
Avec **le CD**, il peut profiter de la musique et chanter avec d'autres enfants, s'entraînant ainsi à mémoriser les textes.

Quelles exploitations peut-on faire de ces comptines ?

Certaines comptines se prêtent bien à une mise en scène. Avec des objets parfois très simples (marionnettes, peluches, poupées...) ou pourquoi pas en dessinant, l'adulte invente une situation de communication très riche.

On joue les différents personnages et, avec eux, on invente dialogues et récits créant ainsi un véritable « bain de langage ».

D'autre part, avec les explications des jeux traditionnels, nous présentons dans ce livret quelques suggestions pour en inventer d'autres, en particulier en espagnol, car les comptines peuvent être utilisées pour des jeux toujours renouvelés.

Ouverture

pages 4-5

Cette première double page est une ouverture. Elle constitue le premier contact avec la langue espagnole en dehors de toute progression.

Les deux textes proposent la même thématique des fruits familiers, mais des activités différentes : un jeu en français et un poème évocateur de la réalité méditerranéenne en espagnol.

La naranja ya está seca

Cette petite poésie évoque des sentiments simples. Le vocabulaire est très accessible et un certain nombre d'éléments caractéristiques de l'espagnol vont permettre au jeune enfant de se familiariser avec cette langue.

On peut parallèlement solliciter sa participation en lui faisant illustrer le texte avec des dessins. On peut même lui faire mimer les deux derniers vers : les pleurs de la pastèque et le rire du melon.

Pêche, pomme, poire, abricot

On retrouve assez souvent en français ce jeu du tunnel dont nous vous proposons une variante avec *Passez pompom, les carillons*, page 54.

Encore joué spontanément, ce texte est représentatif des comptines inspirées du monde paysan (travaux des champs, saisons, prénoms).

Enfantines

pages 6 à 9

On appelle « enfantines » tous les « jeux de nourrice », à la fois verbaux et corporels, que l'adulte fait avec le petit enfant. On y joue souvent lors des moments qui rythment la vie quotidienne des petits (réveil, toilette, repas, coucher, câlin...). Au départ, le bébé est passif mais très réceptif à la présence de l'adulte et au plaisir des sauts, des balancements, des caresses, des chutes, etc.

Ce type de jeux, dans un climat affectif sécurisant, aide l'enfant à se construire. Il découvre son corps, celui de l'autre, et le plaisir de l'échange. Il devient sensible à la musique, à la langue, à la poésie et à l'humour. Il élabore sa propre parole et commence à explorer le monde par le biais des petites histoires chantées.

L'enfant, même plus grand, se trouve vis-à-vis des langues étrangères un peu dans la même situation que l'enfant qui apprend à parler sa langue maternelle.

Nous lui proposons ici de retrouver le soutien et la richesse de l'échange avec l'adulte, pour communiquer dans une langue nouvelle. C'est parce que l'enfant trouve ses repères dans sa langue maternelle qu'il pourra les transposer dans la langue étrangère.

Les correspondances de ces doubles pages sont très étroites d'une langue à l'autre tant sur le plan thématique que gestuel. Les deux textes *Mon toit, mon grenier* et *Una casita* permettent d'aborder le thème de la « maison-visage ». *À cheval gendarme* et *Arre, caballito* renvoient quant à eux aux jeux bien connus où l'adulte fait sauter l'enfant sur ses genoux.

Mon toit, mon grenier

Dans les dessins d'enfants, les maisons ont bien souvent visage humain. C'est à ce type d'imaginaire que renvoie cette comptine. On dit le texte en effleurant successivement les différentes parties du visage, qui sont aussi les éléments de la maison.

En voici une variante :

Je m'en vais au marché,
  On fait le tour du visage.
Je ferme les volets,
  On rabat les oreilles.
Je ferme les fenêtres,
  On ferme les yeux.
Je ferme la porte,
  On ferme la bouche.
Et je tourne la clef.
  On se tord le nez.

Una casita

La rime reposant sur la répétition du suffixe diminutif (caractéristique du parler « bébé » espagnol), l'absence de verbes et l'onomatopée finale en font un texte très facilement mémorisable pour des non-hispanophones.

À cheval gendarme

Il existe de nombreuses variantes de ce jeu, où l'on fait sauter l'enfant sur ses genoux. Voici une autre proposition pour parcourir la France.

Je m'en vais à Paris
sur mon cheval gris.
Je m'en vais à Rouen
sur mon cheval blanc.
Je m'en vais à Toulouse
sur mon cheval rouge.
Au pas, au pas, au pas,
Au trot, au trot, au trot,
Au galop, au galop, au galop.
À Versailles !

Attention ! N'oubliez pas d'accélérer la cadence lorsque vous dites les avant-derniers vers et de mimer la chute pour le dernier (*à Versailles* viendrait du verbe *verser*... dans le fossé !).

Arre, caballito

Cette chanson comporte quatre couplets. Nous n'avons retenu que les premier et troisième qui sont les plus connus. Voici toutefois le deuxième :

Arre, caballito,
  Hue, petit cheval,
Vamos a la feria,
  Allons à la fête,
No me tires coces,
  Ne me lance pas des ruades,
Que me caigo en tierra.
  Je tomberais par terre.

et le dernier :
Arre, caballito,
  Hue, petit cheval,
Vamos a Belén,
  Allons à Bethléem
A buscar la Virgen,
  Chercher la Vierge
Y al ninõ también.
  Et aussi l'enfant.

On imite le trot du cheval, doucement d'abord (premier couplet), puis en accélérant de plus en plus pour finir en laissant l'enfant aller à la renverse.
L'enfant s'appropriera peu à peu la cantilène et le jeu, et s'y adonnera de lui-même sur les petits chevaux à bascule du square, les manèges, ou même sur les épaules de l'adulte lors d'une promenade.

Jeux de doigts avec l'adulte

pages 10-11

La main, outil privilégié de communication, est aussi un riche support de l'imaginaire. Entre caresse et massage, on manipule les doigts ou les orteils des enfants pour les faire bouger. Au départ, ce sont des « enfantines » jouées avec l'adulte, puis peu à peu, en grandissant, l'enfant dit lui-même la comptine en se servant de ses propres mains ou de celles de quelqu'un d'autre, un adulte par exemple.

Dans les comptines proposant des jeux de doigts, le dernier vers est souvent l'occasion de faire des chatouilles sur la paume de l'enfant, sur la plante des pieds (si c'est avec l'orteil que l'on a joué) ou sur le ventre (si l'on est allongé). On peut aussi faire semblant de le manger tout entier avec des baisers !

Ma poule a pondu un œuf
Éste compró un huevito

Voici à nouveau un thème privilégié de l'univers enfantin : celui de l'œuf et de la poule, pour la comptine française. Par ailleurs, on retrouve dans les deux langues la même structure syntaxique : une énumération introduite par les démonstratifs équivalents (*celui-là/éste*).

Un enfant observateur pourra remarquer une différence dans la ponctuation de la phrase exclamative qui est double en espagnol (*¡...!*). On lui signalera, dans ce cas, qu'il en va de même pour la phrase interrogative et on lui montrera la page 14 de son livre (*¿Comó planta usted las flores?*).

On raconte les deux petites histoires en prenant successivement pour chaque vers un doigt de l'enfant : du pouce à l'auriculaire en français, de l'auriculaire au pouce en espagnol. Ceci est d'ailleurs significatif : le petit a généralement la vedette dans les jeux de doigts français alors que c'est plutôt le pouce, le plus gros, réputé donc le plus gourmand, qui a le beau rôle en espagnol !

Nommer son corps

pages 12 à 15

Les différentes parties du visage et du corps sont parmi les premières choses que l'on apprend à nommer. En prenant conscience de son corps, l'enfant se repère mieux dans l'espace. Il peut alors plus facilement le comprendre et l'exprimer.

Grâce à ce type de jeux dansés, l'enfant va coordonner gestes et paroles, puisqu'il désigne les parties de son corps en suivant le rythme et la musique. Cette coordination, bien que difficile, lui permet de transposer ses précieux repères corporels dans la langue étrangère.

L'effet comique est garanti, surtout si l'on retrouve au sein du groupe la joie du mouvement collectif.

Savez-vous planter les choux ?
¿Cómo planta usted las flores?

En français comme en espagnol, les enfants adoreront ce jeu comique où l'on mime avec les différentes parties de son corps la plantation des choux dans le premier cas, des fleurs dans l'autre.

Les enfants se tiennent par la main et forment une ronde. Au moment des refrains, la ronde tourne. Puis elle s'arrête à chaque couplet et les enfants miment chacun, sur place, ce que le couplet décrit.

Savez-vous planter les choux
à la mode, à la mode...

On les plante avec le doigt,
à la mode, à la mode...

On les plante avec le coude,
à la mode, à la mode...

On laissera bien sûr libre cours à la fantaisie des enfants qui auront sans doute envie de poursuivre le jeu en nommant d'autres parties de leur corps.

On peut aussi (pour introduire ou compléter le texte espagnol) proposer aux jeunes Français d'apprendre et de mimer la petite comptine suivante, destinée aux tout-petits qui apprennent à nommer les parties de leur corps.

Un pie, otro pie,
Un pied, un autre pied,
Una mano, otra mano,
Une main, une autre main,
Un codo, otro codo,
Un coude, un autre coude,
La nariz, y ¡el morro!
Le nez et le museau !

Et, pour pallier les difficultés inhérentes à la mémorisation des deux premières phrases interrogatives espagnoles, l'adulte (et plus tard l'enfant meneur) pourra poser ces deux questions et laisser le groupe répondre et mimer.

Chanson mimée

pages 16 à 17

L'adulte a déjà raconté une histoire avec les mains de l'enfant. Dans le mime, c'est l'enfant qui utilise sa main et son corps pour s'exprimer et communiquer. Mimer un texte lui permet d'en fixer la signification. En effet, l'expressivité du visage, des mains, de tout le corps, en faisant appel aux divers sens, permet à l'enfant de comprendre la langue étrangère. Il est important de noter que les gestes qui sont suggérés ne doivent pas empêcher l'interprétation personnelle de chacun.

Le thème des petits animaux tendres, ici le lapin, ravit les jeunes enfants qui s'identifient facilement à eux; ils y retrouvent la douceur et la sécurité que leur procurent leurs peluches.

Un petit lapin

D'apparence très simple, cette chanson mimée est en fait un véritable jeu de rôle, une farce mettant en scène le petit (le plus malin) face au grand.

Autour du jeu de cache-cache adoré, l'enfant exprime tour à tour l'insouciance, la ruse, la force, la joie...

Un petit lapin

est caché dans le jardin.

« Cherchez-moi, coucou, coucou,
je suis caché sous un chou. »

Lissant sa moustache,

le fermier passe et repasse,

mais il ne voit rien du tout,

lapin a mangé le chou.

Berceuses

pages 18-21

Avec les berceuses, l'enfant peut être très tôt sensibilisé à la musicalité d'une langue. Le moment privilégié de tendresse qui précède le sommeil est en effet propice à l'échange.

Los pollitos

Malgré sa longueur, cette chanson douce ne présente pas de difficulté lexicale majeure. De plus, l'histoire des petits poussins et de leur maman-poule (qui pourra d'abord être sommairement racontée en français) est de celles qui parlent à l'imaginaire des tout-petits. Comme elle est facile à mimer, on l'apprend couplet par couplet lors d'écoutes successives. Ce sera ensuite une chanson pour « ramener le calme » ou se préparer à aller au lit.

Arrorró, mi nene

D'après Luis Elizalde, cette berceuse provient de la région d'Alicante, encore que *el arrorró* (de l'onomatopée *ro-ro*) soit réputé être le chant de berceau typique des Canaries.

Jeux à deux

pages 22 à 25

Jusqu'à présent, l'enfant bénéficiait du soutien et de l'assurance offerts par l'adulte. Il faut maintenant l'inciter à jouer avec d'autres enfants dans cette langue étrangère. Les jeux à deux s'y prêtent naturellement. Là, il doit faire confiance à sa propre initiative et ne plus réagir uniquement par mimétisme.

Pince-mi et Pince-moi
Juan y Pínchame

L'enfant sera sans doute étonné et ravi de retrouver en espagnol cette petite farce, simple à dire et à colporter. Sous couvert d'une devinette, il pourra piéger malicieusement son interlocuteur, petit ou grand, obligé de répondre *pínchame/pince-moi* et, du même coup, de se faire pincer.

Outre la similitude sémantique, les deux autres comptines suggèrent des rythmes balancés que l'on peut jouer de différentes manières.

Scions, scions du bois

Certaines comptines, comme *Scions, scions du bois*, sont en fait les dernières traces de vieux airs dansés et leurs figures spécifiques (tresse, scie, tunnel). Ces textes sont réutilisés en grande majorité pour des jeux chantés (balle au mur, saut à la corde, tunnel) et continuent à évoluer avec certains gadgets (élastique par exemple) ou des « frappés » rythmiques.

Mais on peut aussi jouer cette comptine comme la comptine espagnole correspondante.

Aserrín, aserrán

Cette comptine fort ancienne sert de support à un jeu de balancement (appelé parfois *El recotín* du nom d'une de ses variantes), soit avec l'adulte (à califourchon sur ses genoux, tenu par les mains comme pour *Arre, caballito*), soit avec un autre enfant (assis par terre, les enfants se tiennent les mains, ils ont les jambes étendues et les plantes des pieds qui se touchent).

Jeux collectifs

pages 26-27

Aserrín, aserrán,
Los maderos de San Juan...

Lorsqu'on prononce la dernière onomatopée *tru*, on fait mine de lâcher l'enfant en le retenant au dernier moment (premier cas), ou bien on se lâche les mains en tombant à la renverse au sol (deuxième cas) en riant !

Il existe une multitude de variantes.
En voici deux :

Aserrín, aserrán,
Los maderos de San Juan,
El marinero en la popa,
Le marin à la poupe
Aserrando un banco está.
Est en train de scier un banc.

Recotín, recotán
Recotin, recotan
Los maderos de San Juan,
Les bois de la saint Jean,
Nos piden vino,
Les uns demandent du vin,
Y otros piden pan.
Les autres demandent du pain.
Recotín, recotín, recotán.
Recotin, recotin, recotan.

Dans les jeux collectifs, les comptines deviennent les garants de la règle du jeu, des formules qui lient les joueurs par un pacte tacite, quasi-magique. L'enfant prend conscience de sa place dans le groupe, en éprouvant le plaisir de collaborer au jeu, mais aussi parfois la frustration éventuelle du perdant.

Les textes sont extravagants. La logique cède la place à la rime et au rythme...

Ces jeux sont souvent internationaux, mais les textes varient, nous avons choisi des jeux présentant des règles très simples et pouvant être joués d'emblée dans la langue étrangère.

Le facteur

La célèbre « chandelle » est un des premiers jeux collectifs qui conviennent aux plus jeunes. Avec elle, chaque enfant espère être choisi.

La règle est simple : les enfants sont assis en cercle. Un joueur tourne autour en égrenant les heures de la comptine aussi longtemps qu'il le souhaite et laisse discrètement tomber son mouchoir. Celui qui l'a reçu se met à courir pour tenter de toucher le « donneur » avant qu'il ne se soit rassis à sa place. Celui qui est touché ou qui oublie de prendre le mouchoir est désigné « chandelle ». Il peut risquer à chaque tour un nouveau gage : assis au milieu, bras levés, sur un pied, etc. jusqu'à ce qu'il soit remplacé par un autre étourdi.

Une heure, le facteur n'est pas passé...

Cinq heures... le facteur est passé.

Bailar, moritos, bailar

Ce jeu n'est rien d'autre que l'équivalent de nos « chaises musicales », à la différence qu'en Espagne il existe un texte support et que c'est un jeu à gages (*juego de prendas).*

Le texte est fort ancien et peu connu de nos jours. La plupart des jeunes Espagnols jouent aux chaises musicales comme en France, avec une simple musique que le meneur (*el padre* ou *la madre*) arrête quand bon lui semble, provoquant la ruée vers les chaises.

Mais jouer avec ce texte est bien plus amusant, tout d'abord pour le meneur, qui va jouer de sa voix et de son corps, et aussi pour les autres dont l'attention va devoir être plus soutenue.

Comme pour les chaises musicales, on dispose dans la pièce, le jardin ou le préau autant de chaises qu'il y a de joueurs moins une.

Le meneur se place au centre, jouant d'une guitare imaginaire pendant que ses camarades dansent, tournent, virevoltent autour de lui (il est interdit de rester sur place ou d'être immobile) jusqu'à ce que le *rrá* du dernier vers soit prononcé : ils doivent alors tous être assis. Celui qui n'y parvient pas a un gage et quitte le jeu. En revanche, celui qui réussit à s'asseoir jusqu'au dernier tour inclus prendra la place du meneur pour le jeu suivant. Bien entendu celui-ci a le droit de faire danser les joueurs aussi longtemps qu'il le désire en rajoutant autant de *al son de mi guita...rrí* qu'il veut !

Chansons

pages 28-29

Escargot mirolo
Caracol, caracol

Avec les chansons, l'enfant n'a plus que le soutien de la musique sans support gestuel pour jouer avec la langue. C'est pourquoi nous avons volontairement choisi deux textes courts, dont le vocabulaire très simple est quasiment identique dans les deux langues.
Les deux comptines, choisies dans un répertoire très riche, agissent comme des formulettes magiques, sortes d'incantations, censées faire sortir l'escargot de sa coquille.

On peut finir la comptine espagnole par ces vers aussi cruels que le texte français :

Que si no, te mataré
Sinon, je te tuerai
Con la espada del señor
Avec l'épée du seigneur

En français, c'est le classique :

Escargot de Bourgogne,
Montre-moi tes cornes,
Si tu ne me les montres pas,
Je te mets la tête en bas.

Frappés

pages 30 à 33

On trouve en Espagne un certain nombre de cantilènes traditionnelles, où le jeune enfant est invité à battre des mains ou à battre la mesure au son de petits textes chantonnés particulièrement rythmés. Il intègre ainsi, tout petit, un élément important de la culture musicale hispanique.

Il n'existe pas d'équivalent en France, aussi avons-nous associé au texte espagnol un texte qui s'en approche par l'importance de la pulsation, et parce qu'il s'adresse, lui aussi, aux tout-petits.

Tapent, tapent, petites mains

Tapent, tapent,
petites mains,

tourne, tourne,
joli moulin.

Ici, comme dans les deux comptines espagnoles, c'est la coordination du mouvement, du texte et de la musique qui est recherchée. Mais on remarque, en France, que c'est plus tard (vers 8-9 ans) que l'on pratique réellement des jeux rythmiques complexes. Ce sont d'ailleurs surtout les petites filles qui tapent des mains en chantant face-à-face en cadence.

Daba, daba, daba

Cette comptine présente de nombreuses variantes selon les régions. Parfois, *la cabecita* (petite tête) est métaphoriquement appelé *la calabacita* (petite calebasse) et donne son nom au jeu.

Nous proposons ici la version chantée dans le Nord (Asturies, Galice…). On la chante à l'enfant dès son plus jeune âge.

En voici une autre version :

Date, date, date,
Frappe-toi, frappe-toi, frappe-toi,
Date en la mochita,
Frappe-toi sur la tête,
Date, date, date,
Frappe-toi, frappe-toi, frappe-toi,
Pero no te mates.
Mais ne te tue pas.

El pon pon

Cette cantilène espagnole fait partie de la tradition andalouse, bien qu'il existe de nombreuses variantes partout en Espagne. Elle a été recueillie par Rodríquez Marin, éminent folkloriste sévillan de la fin du XIXe siècle.

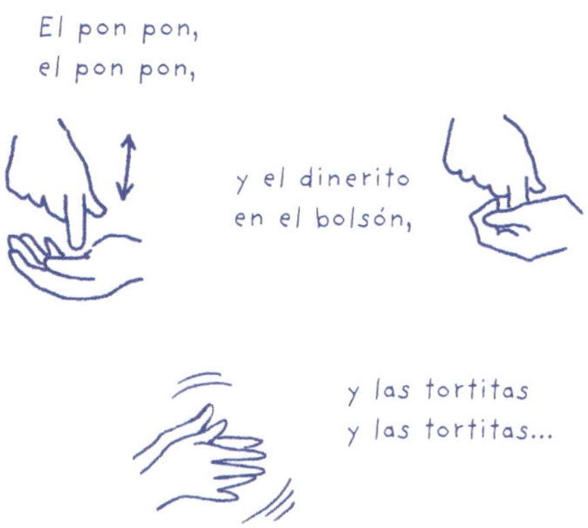

Toutes les variantes que nous avons trouvées portent sur la première partie (les quatre premiers vers). En voici une :

Pon, mocita, pon,
Mets, fillette, mets,
Dinerito en el bolsón,
Des petites pièces dans le gros sac,
Pon aquí, mocita,
Mets ici, fillette,
Dinerito en la bolsita.
Des piécettes dans le petit sac.

Comptines

pages 34-35

Les enfants utilisent constamment les comptines pour énumérer, désigner, exclure… Ce sont souvent des textes extravagants, à l'humour absurde, tout à fait représentatifs du folklore enfantin, dont les sons, mots et images qu'ils font naître en cascade font tout le charme. C'est pourquoi il serait vain de chercher à tout prix une correspondance thématique rigoureuse. Chaque langue a, en effet, son propre registre de phonèmes, d'onomatopées (par exemple, on ne transcrit pas les cris des animaux de la même manière dans les différentes langues) sur lequel les enfants jouent pour créer leurs comptines. Pourtant, on y retrouve les mêmes sources d'inspiration enfantine : bestiaire, personnages loufoques, farces…

Ces doubles pages regroupent trois comptines évoquant le monde animal, auquel les enfants sont en général très sensibles. On y retrouve le thème de la poule. Pour mimer chacune d'elles, on se place en cercle et le meneur touche un à un les enfants jusqu'à l'injonction de sortie qui désigne l'exclu… ou l'élu !

Sardine à l'huile

Nous avons choisi un arrangement musical d'inspiration jazz pour rendre compte du côté loufoque de cette version récente. Le meneur doit chatouiller les deux enfants qu'il touche en prononçant *Ouatchitchi !* et *Ouatchatcha !* ce qui provoque évidemment des fous rires et rend la comptine particulièrement amusante.

La poule à ma grand-mère

Citons deux autres comptines très populaires autour des poules :

Une poule sur un mur,
Qui picorait du pain dur,
Picoti, picota,
Lève la queue et puis s'en va !

Et sur l'air de *Ah, vous dirais-je maman ?*:

Quand trois poules vont aux champs,
La première va devant,
La seconde suit la première,
La troisième va derrière.
Quand trois poules vont aux champs,
La première va devant.

Tita, tita, tarìtón

Cette comptine espagnole très ancienne comporte quelques variantes peu connues. À la place du premier vers, on trouve parfois aussi : *Hití, hití, ton*, et pour l'avant-dernier : *Ris, ras*. Ces vers ne changent rien à cette histoire un peu macabre : seule la rime compte (*taritón/capón, muerto/huerto*) et non la raison…

Danses

pages 36-37

Commes les jeux collectifs, les danses permettent à l'enfant de s'exprimer au sein d'un groupe. Soutenu par la cadence, l'enfant apprend à harmoniser ses gestes et à suivre une musique. Il en tire généralement un grand plaisir. À l'unisson avec les autres, il découvre ainsi des figures fondamentales : la ronde, la farandole, le couple, etc.

Passez pompom
Pase misí

Ces deux chansonnettes sont très proches au niveau de la gestuelle et du vocabulaire. Ce « jeu-dansé » est encore fort répandu. La double page 4-5 nous en proposait déjà un : *Pêche, pomme, poire, abricot*. Ce jeu s'appelle en France le « jeu du tunnel » (une ancienne figure de danse) et, dans certaines régions d'Espagne (l'Andalousie, notamment), le « jeu du train ».

Il existe plusieurs façons de jouer. Dans tous les cas, deux enfants sont face à face (qui auront au préalable, et en grand secret, choisi un nom de fruit) et forment une porte en se tenant par les mains, bras levés. Les autres passent en cadence sous la dite porte, en file en se tenant par la taille, en farandole ou en couples. À la fin, les deux enfants baissent les bras pour fermer la porte, emprisonnant ainsi un des danseurs qui devra choisir entre les deux noms de fruits susurrés à son oreille. Son choix déterminera derrière quel enfant il devra s'accrocher. Le jeu se répète jusqu'à ce que tous les danseurs soient placés. On peut alors se contenter d'un comptage pour savoir qui l'a emporté ou bien se mesurer en tirant de toutes ses forces pour faire se décrocher les wagons du train adverse.

Passez pompom, les carillons,
les portes sont ouvertes.

Passez pompom, les carillons,
les portes sont fermées, à clé.

Pomme
ou poire ?

Poire ?
Derrière moi…

Virelangues

pages 38 à 41

Les virelangues ou *trabalenguas* constituent une activité verbale des plus ludiques qui vise à maîtriser les difficultés phonétiques propres à chaque langue. Chaque virelangue est donc construit à partir d'un ou deux sons particuliers et joue sur sa répétition ou ses combinaisons.

Tres tristes tigres
Trois tristes tortues
Six gros escargots

En proposant successivement ces comptines, on met l'accent sur les ressemblances et les différences qui existent entre les deux langues et on incite les enfants à les trouver eux-mêmes, ou à créer de nouveaux virelangues en s'inspirant par exemple des textes des autres comptines et des difficultés qu'ils y ont rencontrées. On peut aussi tout simplement organiser des petits concours : s'entraîner à dire les textes de plus en plus vite, avec ou sans le CD ; jusqu'à avoir la langue qui fourche, en rire, perdre son tour, recommencer...

Le virelangue *Tres Tristes tigres* permet de s'entraîner à la prononciation du « r » espagnol sur lequel butent tant de francophones mais aussi nombre de petits Espagnols. Parfois jusqu'à 5-6 ans, certains font le « r » guttural comme chez nous, d'autres le prononcent comme le « l » ; les nombreux virelangues sont là pour pallier ce défaut naturel de prononciation tout en s'amusant.

Canta el cuco

Ce virelangue ne présente pas de difficulté phonétique particulière. Sa langue est simple, faite d'onomatopées. On peut la rapprocher de ce célèbre petit canon, qui présente une correspondance sémantique intéressante :

Dans la forêt lointaine,
On entend le hibou.
Du haut de son grand chêne,
Lui répond le coucou :
« Coucou, hibou, coucou, hibou
Coucou, hibou, coucou ! » (bis)

LES TRADUCTIONS

ESPAGNOL > FRANÇAIS

La naranja ya está seca, p. 4
L'orange est déjà sèche,
Jaune est le citron.
La pastèque est en pleurs,
Il rit, le melon.

Una casita, p. 7
Une petite maison
Toute ronde
Avec deux petites fenêtres
Et une petite porte
Et la sonnette :
Driiiiiiiiiiing !

Arre, caballito, p. 8
Hue, petit cheval,
Allons à Bethléem ;
Car demain sera fête,
Et le lendemain aussi.
Hue, petit cheval,
Allons à Bethléem ;
Hue, hue, hue,
Nous allons être en retard…

Éste compró un huevito, p. 11
Celui-là a acheté un petit œuf,
Celui-là l'a mis à cuire,
Celui-là lui a mis du sel,
Celui-là l'a goûté un peu,
Et ce gros coquin…
L'a mangé tout entier !

¿Cómo planta usted las flores?, p. 15
Comment plantez-vous les fleurs ?
À la mode, à la mode ;
Comment plantez-vous les fleurs ?
À la mode de Paris.
Je les plante avec les mains
À la mode, à la mode ;
Je les plante avec les mains
À la mode de Paris.

Los pollitos, p. 18
Les petits poussins disent :
Piou, piou, piou,
Quand ils ont faim,
Quand ils ont froid.
La poule cherche
Le maïs et le blé,
Leur donne à manger
Et leur prête un abri.
Sous ses deux ailes
Ils restent tranquilles,
Et jusqu'au lendemain
Ils dorment, les petits poussins.

Arrorró, mi nene, p. 21
Dodo, mon bébé,
Dodo, mon soleil,
Dodo, le trésor
De mon cœur.
Ce bel enfant
Ne veut pas dormir,
Le sommeil coquin
Ne veut pas venir.

Juan y Pínchame, p. 23
Jean et Pince-moi
Sont allés nager.
Jean s'est noyé
Et qui est resté ?
« Pince-moi »
« Aïe ! »

Aserrín, aserrán, p. 24
Scions, scions
Le bois de la saint Jean,
Les gens du roi coupent bien,
Ceux de la reine aussi,
Ceux du duc
Truc, truc,
Truc, truc, tru.

Bailar, moritos, bailar, p. 27
Dansez, petits Maures, dansez,
Au son de ma guita…ri,
Au son de ma guita…ra.

Caracol, caracol, p. 29
Escargot mirolo
Sors tes cornes au soleil ;
Car ton père et ta mère
Les ont aussi sorties.

Daba, daba, daba, p. 31
Tape, tape, tape,
Tape la fillette
Sur la petite tête.
Tape, tape, tape,
Ça ne fait pas mal.
Mais elle a tant tapé
Que le mal est arrivé !

El pon pon, p. 33
Le pon pon,
Le pon pon,
Et le petit sou
Dans le grand sac,
Et les galettes
Pour sa maman,
Les plus jolies.

Tita, tita, taritón, p. 35
Petit, petit, patapon,
Trois poules et un chapon,
Le chapon est crevé,
Les poules dans le verger.
Picoti, picota,
Ça ne sera pas toi.

Pase misí, p. 37
Passez missi,
Passez missa,
Par la porte d'Alcala ;
Ceux qui sont devant
Courent beaucoup,
Ceux qui sont derrière
N'i-ront - pas.

Tres tristes tigres, p. 38
Trois tristes tigres
Ont avalé trois tasses de blé.

Canta el cuco, p. 40
Le coucou a chanté
Kouki koukou,
Chante le coucou
Kouki kouka.
Chante le coucou
Kouki koukou,
Koukikoukoukoukikoukou
Koukikoukoukoukikouka.

FRANÇAIS > ESPAGNOL

Pêche, pomme, poire, abricot, p. 5

Melocotón, manzana, pera,
albaricoque,
Hay una, hay una,
Melocotón, manzana, pera,
albaricoque,
Que se llama María-Margot.

Mon toit, mon grenier, p. 6

Mi tejado,
Mi granero,
Mis dos ventanas,
Mis dos canalillos,
Mi gran horno,
Y mi tambor...
¡Bon! ¡Bon! ¡Bon!

À cheval gendarme, p. 8

¡A caballo gendarme,
Andando borgoñón!
¡Vamos a Champagne,
Las uvas están buenas!
¡Patapón! ¡Patapón!
¡Patapón! ¡Patapón!

Ma poule a pondu un œuf, p. 10

Mi gallina ha puesto un huevo.
Éste lo ha cogido,
Éste lo ha roto,
Éste lo ha cocido,
Éste lo ha comido,
Y el pobre pequeño Kiki
que no ha tenido nada,
Lame el plato, pequeño Kiki,
¡Lame el plato!

Savez-vous planter les choux ?, p. 13

¿Sabéis plantar las coles
A la moda, a la moda,
Sabéis plantar las coles
A nuestra moda?
Las plantamos con el dedo,
A la moda, a la moda,
Las plantamos con el dedo,
A nuestra moda.
(... con la mano, con el codo,
el pie, etc.)

Un petit lapin, p. 16

Un conejito
Está escondido en el jardín.
«Buscadme, cucú, cucú,
Estoy escondido bajo una col.»
Alisando su bigote,
El granjero pasa y vuelve a pasar,
Pero no ve nada,
El conejo se ha comido la col.

Pince-mi et pince-moi, p. 22

Pincha-mi y Pincha-me
Están en un barco.
Pincha-mi se cae al agua.
¿Qué queda?
«¡Pincha-me!»
«¡Ay!»

Scions, scions du bois, p. 24

Serremos, serremos, serremos
madera,
Para la madre, para la madre,
Serremos, serremos, serremos
madera,
Para la madre Nicolás,
Que ha roto sus zuecos
En mil pedazos,
¡He aquí los pedazos!

Le facteur, p. 26

La una, el cartero no ha pasado.
Las dos, el cartero no ha pasado.
Las tres, el cartero no ha pasado.
Las cuatro, el cartero no ha pasado.
Las cinco... el cartero ya pasó.

Escargot mirolo, p. 28

Caracol «miroló»
Enséñame tus cuernos.
Si no me los enseñas,
Diré a Papá,
Diré a Mamá,
Que te corten la cabeza.

Tapent, tapent, petites mains, p. 30

A dar palmas, a dar palmas,
manitas,
A girar, a girar, molino bonito,
Manitas dando palmas,
Molino bonito dando vueltas.

Sardine à l'huile, p. 34

Sardina en aceite
¿Qué haces acá?
¡Achichú! ¡Achichá!
Sardina en aceite
¿Qué haces acá?
¡No te la quedas!

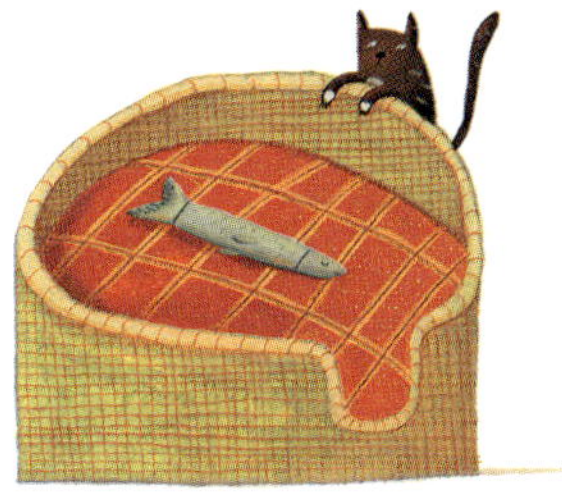

La poule à ma grand-mère, p. 35

Es la gallina de mi abuela
Que ha puesto tres huevos
en el suelo,
Uno roto, uno robado,
uno perdido
¡Vete a buscarlo!

Passez pompom, p. 36

Pasad «pompom», campanillas,
Las puertas están abiertas.
Pasad «pompom», campanillas,
Las puertas están cerradas a llave.

Trois tristes tortues, p. 38

Tres tristes tortugas
Sobre tres tejados grises.

Six gros escargots, p. 39

Seis caracoles gordos
Tiritan y tienen la gripe.

Ⓟ et © Didier Jeunesse, 2002
8 rue d'Assas, 75006 Paris – www.didierjeunesse.com
Mise en pages : Isabelle Southgate,
Claire Robert et Catherine Ea
Photogravure : Arts Graphiques du Centre
Traduction des comptines : Myriam San Julian
Gravure de musique : Corinne de Luna
Impression : Imprimerie Clerc

ISBN : 978-2-278-05315-5 - Dépot légal : 5315/06
Achevé d'imprimer en mars 2008
Loi n° 49-956 du 16 juillet 1949
sur les publications destinées à la jeunesse